Low-Carb Rezepte für den Spiralschneider

Das Kochbuch für Frühstück Mittagessen Abendessen Gemüse-Nudeln Salat Snacks

Abnehmen - Diät - wenig Kohlenhydrate - schlank werden

Susanne Kuhn

Bibliografische Information der Deutschen Nationalbibliothek:
Die Deutsche Nationalbibliothek verzeichnet diese Publikation in der Deutschen Nationalbibliografie; detaillierte bibliografische Daten sind im Internet über http://dnb.dnb.de abrufbar.

1. Auflage 2016
Cover-Titelbild: ©[Jennifer Barrow]/123rf.com
©[Kiian Oksana]/123rf.com
©[Pia Violeta Pasat]/123rf.com

Herstellung und Verlag: BoD – Books on Demand, Norderstedt
ISBN 9783741284489

Inhaltsverzeichnis

VORWORT

Schneller, schöner und schlanker essen, mit dem Low-Carb Buch für den Spiralschneider!

Pasta-Gerichte ohne Weißmehl und Zucker und vieles mehr werden mit dem trendigen Küchenhelfer perfekt in Form gebracht.

Pommes aus Gemüse, Gemüsenudeln, gesunde Salate oder dekorative Beilagen, kunstvoll mit dem Spiralschneider zubereitet, denn das Auge isst schließlich mit.

In diesem Kochbuch finden Sie Low-Carb Rezepte für ein genussvolles Frühstück, abwechslungsreiches Mittagessen und Abendessen, sowie gesunde Salate und Snacks mit wenig Kohlenhydraten. Außerdem detaillierte Angaben zu Kalorien und Kohlenhydraten für jedes Rezept.

Hinweis:
Jede Art von Diät sollte vorher mit einem Arzt besprochen werden.

Low Carb Frühstück Rezepte:

Birnen-Erdbeer-Schicht-Müsli mit Hüttenkäse

Pro Portion ca.: 12,8 g Kohlenhydrate, 302 kcal

Zutaten für 4 Portionen:
400 g Hüttenkäse, ohne Salz
1 EL Mandelmus, ohne Zuckerzusatz
1 TL Vanille-Xucker
3 EL Kokosmilch, ohne Zuckerzusatz
40 g Leinsamen, geschrotet
70 g Haselnüsse
2 kleine Birnen
etwas Zitronensaft
120 g Erdbeeren
1 EL Xucker

Zubereitung:
Hüttenkäse, Mandelmus, Vanille-Xucker und Kokosmilch cremig verrühren. Leinsamen und gehackte 50 g Haselnüsse unterrühren.

Birnen waschen, schälen, mit einem Spiralschneider (feine Klinge) zu Spaghetti verarbeiten und sofort mit Zitronensaft beträufeln, damit die Birnen sich nicht verfärben.

Erdbeeren waschen, putzen, vierteln und mit Xucker bestreuen.

Hüttenkäsemischung, Birnenspiralen und Erdbeeren abwechselnd schichtweise in hohe Gläser füllen und mit den restlichen Haselnüssen bestreut servieren.

Kürbis-Cupcakes

Pro Stück ca.: 5,7 g Kohlenhydrate, 140 kcal

Zutaten für 8 Stück:
140 g Hokkaidokürbis
3 Eier
3-4 EL Sahne
35 g Butter, geschmolzen
Mark einer Vanilleschote
70 g Kokosmehl
1 TL Zimt
30 g Xucker
1 TL Weinstein-Backpulver
1/2 TL Kardamom
Für das Topping:
100 g Magerquark
150 g Frischkäse
Mark 1/2 Vanilleschote
1 EL Puder-Xucker

Zubereitung:
Den Backofen auf 180 °C (Umluft 160 °C, Gas Stufe 3) vorheizen.

Kürbis schälen, entkernen und mit einem Spiralschneider (feine Klinge) zu Spaghetti verarbeiten. Sehr lange Spaghetti teilen. (4 TL beiseitelegen)

Eier, Sahne, Butter und das Mark der Vanilleschote cremig verrühren.

Kokosmehl mit Zimt, Xucker, Backpulver und Kardamom mischen und zügig unter die Eiermasse rühren. Die Kürbis-Spaghetti langsam unterheben.

Die Mulden eines Muffinblechs einfetten und den Teig einfüllen. Im vorgeheizten Backofen ca. 45 Minuten backen.

Cupcakes aus der Form lösen und auf einem Kuchengitter abkühlen lassen.

Für das Topping Magerquark, Frischkäse, Mark der Vanilleschote und Puder-Xucker cremig verrühren. In einen Spritzbeutel mit Sterntülle füllen und auf die Cupcakes spritzen oder mit einem Esslöffel gleichmäßig auf den Cupcakes verteilen.

Mit den restlichen Kürbis-Spaghetti bestreut servieren.

Karottenbrötchen mit Haselnusscreme

Pro Brötchen ca.: 18,7 g Kohlenhydrate, 752 kcal

Zutaten für 4 Brötchen:
für die Brötchen:
4 große Karotten
3 Eier
100 g Mandelmehl
100 g Schmand
1 EL Flohsamenschalenpulver
2 TL Weinstein-Backpulver
1/2 TL Salz
für die Haselnusscreme:
250 g Haselnüsse
40 g Xucker
40 g Kakaopulver, ohne Zuckerzusatz
3 EL Rapsöl
1 Prise Salz
Mark einer Vanilleschote

Zubereitung:
Den Backofen auf 190 °C (Umluft 170 °C, Gas Stufe 2-3) vorheizen.

Die Karotten waschen, schälen und mit einem Spiralschneider (feine Klinge) zu Spaghetti verarbeiten. Sehr lange Spaghetti teilen.

Die Eier mit einem Handrührgerät schaumig schlagen. Die restlichen Teigzutaten hinzufügen und gründlich untermischen. Die Karottenspiralen unterheben und den Teig in vier Portionen aufteilen.

Den Teig mit feuchten Händen zu Brötchen formen und im vorgeheizten Backofen ca. 35 Minuten backen.

Für die Creme die Haselnüsse in einer Pfanne ohne Fett rösten.

Die gerösteten Nüsse fein mahlen und mit den restlichen Zutaten gründlich verrühren.

Karottenbrötchen halbieren, mit der Haselnusscreme bestreichen und servieren.

Low Carb Mittagessen Rezepte:

Kohlrabispaghetti all'arrabbiata

Pro Portion ca.: 17 g Kohlenhydrate, 312 kcal

Zutaten für 4 Portionen:
4 Kohlrabi
1 rote Zwiebel
2 Knoblauchzehen
2 rote Chili, mild
125 g Bauchspeck
1 EL Olivenöl
400 g passierte Tomaten
Salz, Pfeffer aus der Mühle
1 TL Oregano
50 g Parmesan, gerieben

Zubereitung:
Kohlrabi waschen, schälen und mit einem Spiralschneider (feine Klinge) zu Spaghetti verarbeiten.

Kohlrabispaghetti in Salzwasser ca. 3 Minuten bissfest garen und in einem Sieb abtropfen lassen.

Zwiebel und Knoblauchzehen schälen und klein schneiden. Chili entkernen und fein hacken.

Bauchspeck in schmale Streifen schneiden und in heißem Öl anbraten. Zwiebel und Knoblauch dazugeben und andünsten. Tomaten, Gewürze und Chili zufügen und unter häufigem Rühren ca. 5 Minuten köcheln lassen.

Kohlrabispaghetti mit Tomatensoße auf Tellern anrichten und mit Parmesan bestreut servieren.

Fruchtiger Rote Bete-Gratin

Pro Portion ca.: 12,4 g Kohlenhydrate, 288 kcal

Zutaten für 4 Portionen:
3 kleine Knollen Rote Bete
1 kleiner, fester Apfel
1 Stange Lauch
150 ml Kokosmilch, ohne Zuckerzusatz
1 TL Rosmarin
Salz, Pfeffer aus der Mühle
180 g Gouda, gerieben

Zubereitung:
Den Backofen auf 190°C (Umluft 170°C und Gas Stufe 3) vorheizen.

Die Rote Bete waschen, schälen, mit einem Spiralschneider (grobe Klinge) zu Streifen verarbeiten und in einer gefetteten Auflaufform verteilen.

Apfel waschen, mit einem Spiralschneider (grobe Klinge) zu Streifen verarbeiten und über die Rote Bete verteilen.

Lauch waschen, putzen, der Länge nach halbieren, in 15 cm lange Stücke schneiden und über die Äpfel geben.

Kokosmilch, Rosmarin, Salz und Pfeffer verrühren, über das Gemüse gießen und im vorgeheizten Backofen ca. 45 Minuten garen.

Gouda darüberstreuen und ein paar Minuten goldbraun überbacken.

Zoodles al limone

Pro Portion ca.: 8 g Kohlenhydrate, 307 kcal

Zutaten für 4 Portionen:
4 Zucchini
400 g Hähnchenbrustfilet
1 Bio-Zitrone
1/2 Bund Petersilie
1 Schalotte
2 EL Olivenöl
Salz, Pfeffer aus der Mühle
2 EL Sahne
50 g Pecorino, gerieben

Zubereitung:
Zucchini waschen, die Enden abschneiden und mit einem Spiralschneider (feine Klinge) zu Spaghetti verarbeiten.

Hähnchenbrustfilet waschen, trocken tupfen und in mundgerechte Stücke schneiden.

Die Zitrone waschen, die Schale abreiben und auspressen.

Die Petersilie waschen, trocken schütteln, die Blättchen abzupfen und fein hacken.

Die Schalotte schälen, fein hacken und in heißem Öl andünsten. Das Fleisch dazugeben und von allen Seiten ein paar Minuten anbraten.

3 EL Zitronensaft, 1/2 TL Zitronenschale, Salz, Pfeffer und Sahne dazugeben und ca. 4 Minuten köcheln lassen.

Die Zucchinispaghetti unterrühren und ca. 1 Minute (bissfest) mitköcheln. Die Petersilie untermischen.

Zoodles auf Tellern anrichten und mit Pecorino bestreut servieren.

Topinambur Rösti mit Avocado-Kräuterquark

Pro Portion ca.: 14 g Kohlenhydrate, 313 kcal

Zutaten für 4 Portionen:
für die Rösti:
1/2 Bund Petersilie
1 Schalotte
500 g Topinambur
2 Eier
60 g Leinsamenmehl
Salz, Pfeffer aus der Mühle
Butterschmalz zum Braten
für den Avocado-Kräuterquark:
500 g Magerquark
5 EL Milch
1/2 Avocado
1 Schalotte
1/4 Bund Bärlauch
1/2 Bund Dill
1 Bund Petersilie
Salz, Pfeffer aus der Mühle

Zubereitung:
Die Petersilie waschen, trocken schütteln, die Blättchen abzupfen und fein hacken. Die Schalotte schälen und fein hacken.

Topinambur waschen, schälen, mit einem Spiralschneider in feine Streifen schneiden und mit allen Zutaten gründlich vermischen. Mit Salz und Pfeffer würzen.

Butterschmalz in einer Pfanne erhitzen. Jeweils 2 EL Teig hineingeben, flach drücken und bei mittlerer Hitze von jeder Seite ca. 2 Minuten braten.

Quark und Milch mit den Quirlen eines Handrührers ein paar Minuten cremig verrühren.

Avocado halbieren, Kern entfernen, das Fruchtfleisch herauslösen, in Würfel schneiden und unter den Quark rühren.

Die Schalotte schälen und fein würfeln.

Die Kräuter waschen, trocken schütteln, die Blättchen bzw. Spitzen abzupfen und fein hacken.

Die Kräuter und Schalottenwürfel mit dem Quark verrühren und mit Salz und Pfeffer abschmecken.

Apfelspaghetti in Vanillemilch

Pro Portion ca.: 28 g Kohlenhydrate, 277 kcal

Zutaten für 4 Portionen:
500 g Äpfel
etwas Zitronensaft
1 L Milch
3 EL Butter
30 g Xucker
1 Vanilleschote
2 TL Zimt
2 EL Kokosraspeln

Zubereitung:
Äpfel waschen, schälen, mit einem Spiralschneider (feine Klinge) zu Spaghetti verarbeiten und sofort mit Zitronensaft beträufeln, damit die Äpfel sich nicht verfärben.

Milch, Butter, Xucker und die Vanilleschote aufkochen.

Vanilleschote entfernen und die Äpfel in die Milch geben. Unter Rühren ca. 15 Minuten garen, bis die Äpfel weich sind.

Apfelspaghetti mit Vanillemilch auf Tellern anrichten und mit Zimt und Kokosraspeln bestreut servieren.

Jägerschnitzel mit Petersilienwurzel-Pommes-Spiralen

Pro Portion ca.: 12 g Kohlenhydrate, 576 kcal

Zutaten für 4 Portionen:
700 g Petersilienwurzeln
6 EL Olivenöl
1/2 TL Cayennepfeffer
4 Schweineschnitzel
Salz, Pfeffer aus der Mühle
1 Ei
120 g Parmesan
2 EL Öl
450 g frische Champignons
180 ml Gemüsebrühe
100 ml Kochsahne
1 EL Crème fraîche
grobes Meersalz

Zubereitung:
Den Backofen auf 200°C (Umluft 180°C, Gas Stufe 3 – 4) vorheizen.

Für die Pommes die Petersilienwurzeln waschen, schälen und durch den Spiralschneider (feine Klinge) drehen.

Öl und Cayennepfeffer verrühren, mit den Pommesspiralen vermischen. Auf ein mit Backpapier belegtes Backblech geben und im vorgeheizten Backofen ca. 15 - 20 Minuten backen.

Die Schnitzel waschen, trocken tupfen, flach klopfen, mit Salz und Pfeffer würzen.

Das Ei mit einer Gabel verquirlen, die Schnitzel darin wenden und von beiden Seiten in Parmesan wälzen.

Die panierten Schnitzel in heißem Öl beidseitig ein paar Minuten goldbraun braten. Aus der Pfanne nehmen und warm stellen.

Die Champignons putzen, in Scheiben schneiden und in der Pfanne dünsten. Mit Salz und Pfeffer würzen und mit der Brühe ablöschen.

Kochsahne und Crème fraîche unterrühren, aufkochen, cremig verrühren und über die Schnitzel verteilen.

Petersilienwurzel-Pommes mit Meersalz bestreuen und mit den Jägerschnitzeln auf Tellern anrichten und servieren.

Kürbis-Spaghetti in Salbeibutter und Walnüssen

Pro Portion ca.: 23 g Kohlenhydrate, 536 kcal

Zutaten für 4 Portionen:
1 Butternusskürbis
3 Tomaten
125 g Walnusskerne
2 Knoblauchzehen
4 EL Olivenöl
40 g Butter
15 Salbeiblätter
Salz, Pfeffer aus der Mühle
50 g Pecorino, frisch gerieben

Zubereitung:
Kürbis schälen, entkernen und mit einem Spiralschneider (feine Klinge) zu Spaghetti verarbeiten. In Salzwasser kurz garen, abschrecken und abtropfen lassen.

Tomaten waschen, entkernen und fein würfeln.

Walnüsse hacken, in einer Pfanne ohne Fett rösten und herausnehmen.

Knoblauchzehen schälen, durch eine Knoblauchpresse drücken und in heißem Öl andünsten. Butter dazugeben und schmelzen lassen.

Salbeiblätter hacken und unterrühren, Tomatenwürfel unterrühren und kurz garen lassen. Kürbis-Spaghetti dazugeben und in der Pfanne schwenken.

Mit Salz und Pfeffer abschmecken.

Auf Tellern anrichten und mit Walnüssen und Pecorino bestreut servieren.

Überbackener Spargel im Karottennest

Pro Portion ca.: 15,7 g Kohlenhydrate, 200 kcal

Zutaten für 4 Portionen:
700 g Karotten
8 Stangen Spargel
Salz
8 g Butter
1 frische Zitrone
4 Tomaten
100 g Gouda, gerieben
1 Bund Petersilie

Zubereitung:
Den Backofen auf 190 °C (Umluft 170 °C und Gas Stufe 3) vorheizen.

Die Karotten waschen, schälen, mit einem Spiralschneider (feine Klinge) zu Spaghetti verarbeiten und in einer hitzebeständigen Auflaufform zu 4 Nestern formen.

Den Spargel waschen, schälen, die holzigen Enden entfernen und in mundgerechte Stücke schneiden.

Die Spargelstücke in ausreichend Wasser mit Salz, Butter und einem Spritzer Zitronensaft ca. 15 Minuten garen.

Den Spargel abtropfen lassen und auf die Karottennester verteilen.

Die Tomaten in Scheiben schneiden, auf den Spargel geben und mit dem Käse bestreuen.

Die Petersilie waschen, trocken schütteln, die Blättchen abzupfen und fein hacken.

Spargel im vorgeheizten Backofen ca. 15 Minuten überbacken und mit bestreuter Petersilie servieren.

Low Carb Abendessen Rezepte:

Seelachsfilet in Kokospanade auf bunten Gemüsespiralen

Pro Portion ca.: 15,4 g Kohlenhydrate, 560 kcal

Zutaten für 4 Portionen:
200 g Zucchini
200 g Kohlrabi
350 g Kürbis
1 Frühlingszwiebel
1 Knoblauchzehe
1-2 EL Öl
300 ml Kokosmilch
Salz, Pfeffer aus der Mühle
400 g Seelachsfilet
1 Ei
100 g Kokosflocken
2 EL Öl

Zubereitung:
Das Gemüse putzen, schälen (Zucchini muss nicht geschält werden), Kürbis entkernen und durch den Spiralschneider (mittlere Klinge) drehen.

Die Frühlingszwiebel waschen, putzen (dunkelgrüne Blätter entfernen) und in feine Ringe schneiden. Knoblauch schälen, fein hacken und mit den Frühlingszwiebelringen in heißem Öl andünsten.

Die Gemüsespiralen dazugeben und ein paar Minuten anbraten. Kokosmilch, Salz und Pfeffer dazugeben und ca. 12 Minuten einkochen lassen.

Seelachsfilet abspülen, trocken tupfen und mit Salz und Pfeffer würzen.

Das Ei mit einer Gabel verquirlen, den Fisch darin wenden und von beiden Seiten in den Kokosflocken wälzen.

Seelachsfilet ca. 7 Minuten beidseitig in heißem Öl braten, auf den Gemüsespiralen anrichten und servieren.

Brokkoli-Bolognese

Pro Portion ca.: 14,8 g Kohlenhydrate, 436 kcal

Zutaten für 4 Portionen:
4 Brokkoli
2 Schalotten
2 Knoblauchzehen
1 EL Olivenöl
400 g gemischtes Hackfleisch
500 g Pizzatomaten
2 EL Tomatenmark
1/2 EL getrockneter Oregano
1 TL Rosmarin
Salz, Pfeffer aus der Mühle
1/2 Bund Petersilie
50 g Parmesan, gerieben

Zubereitung:
Die Brokkolistiele von den Köpfen trennen (Röschen anderweitig verwenden), die Stiele schälen und mit einem Spiralschneider (feine Klinge) zu Spaghetti verarbeiten. In Salzwasser ein paar Minuten garen, abgießen und abtropfen lassen.

Schalotten und Knoblauchzehen schälen, klein schneiden und in heißem Öl andünsten.

Das Hackfleisch dazugeben und von allen Seiten unter Rühren anbraten.

Pizzatomaten und das Tomatenmark dazugeben, mit Oregano, Rosmarin, Salz und Pfeffer würzen und ca. 25 Minuten schmoren lassen.

Die Petersilie waschen, trocken schütteln, die Blättchen abzupfen, fein hacken und unterrühren.

Brokkoli-Spaghetti dazugeben und in der Pfanne schwenken. Mit Salz und Pfeffer abschmecken.

Auf Tellern anrichten und mit dem Käse bestreut servieren.

Frischkäsenocken mit Rettichsalat

Pro Portion ca.: 8 g Kohlenhydrate, 455 kcal

Zutaten für 4 Portionen:
1 Bund Kerbel
1/2 Bund Dill
1 Bund Schnittlauch
400 g Doppelrahmfrischkäse
5 EL Milch
1 TL Limettensaft
Salz, Pfeffer aus der Mühle
1 weißer Rettich
1 Salatgurke
1/2 TL Salz
3 EL Weißweinessig
5 EL Olivenöl

Zubereitung:
Die Kräuter waschen und trocken schütteln. Kerbel und Dill fein hacken, Schnittlauch in Röllchen schneiden.

Frischkäse mit Milch verrühren. Die Kräuter, Limettensaft, Salz und Pfeffer dazugeben, unterrühren und anschließend Nocken abstechen.

Den Rettich waschen, putzen und durch den Spiralschneider (mittlere Klinge) drehen. Die Gurke waschen, schälen und durch den Spiralschneider (grobe Klinge) drehen. Mit Salz vermischen und ca. 15 Minuten ziehen lassen.

Essig, Salz und Pfeffer verrühren, Öl kräftig unterschlagen und mit dem Salat vermischen. Frischkäsenocken darauf anrichten und servieren.

Gemüse-Omelett mit Schinken

Pro Portion ca.: 14,6 g Kohlenhydrate, 358 kcal

Zutaten für 4 Portionen:
400 g Knollensellerie
3 Karotten
3 Frühlingszwiebeln
2 Tomaten
100 g gekochter Schinken
1 Bund Basilikum
1 EL Olivenöl
100 g Frischkäse
6 Eier
120 ml Milch
Salz, Pfeffer aus der Mühle
40 g Gouda, gerieben
Butter zum Braten

Zubereitung:
Knollensellerie und Karotten putzen, waschen und durch den Spiralschneider (feine Klinge) drehen.

Die Frühlingszwiebeln waschen, putzen (dunkelgrüne Blätter entfernen) und klein schneiden.

Die Tomaten mit heißem Wasser überbrühen, mit kaltem Wasser abschrecken, häuten, entkernen und in kleine Würfel schneiden.

Schinken in kleine Stücke schneiden. Basilikum waschen, trocken schütteln, von den Stielen zupfen und hacken.

Für die Füllung Frühlingszwiebeln in heißem Öl andünsten. Sellerie- und Karottenspiralen dazugeben und mit etwas Wasser weich dünsten. Tomaten und Schinken ca. 2 Minuten unterrühren. Frischkäse zugeben und sämig kochen.

Eier und Milch verquirlen, mit Salz, Pfeffer, Gouda und Basilikum verrühren und über das Gemüse geben.

Butter in einer Pfanne erhitzen, 1/4 der Eiermasse hineingießen und bei geringer Hitze von beiden Seiten bräunen. Auf einen Teller geben, 1/4 der Füllung darauf geben und das Omelett darüber zuklappen.

Restliche drei Omeletts genauso zubereiten.

Gemüsenudelsalat mit Putensalami und Bärlauch-Sahne-Dressing

Pro Portion ca.: 13 g Kohlenhydrate, 460 kcal

Zutaten für 4 Portionen:
250 g Karotten
250 g Zucchini
1 gelbe Paprikaschote
1/2 Bund Radieschen
1 rote Zwiebel
125 g Emmentaler
125 g Putensalami
1/2 Bund Bärlauch
275 g saure Sahne
2 EL Olivenöl
35 g Parmesan, gerieben
Salz, Pfeffer aus der Mühle

Zubereitung:
Karotten waschen, schälen und mit einem Spiralschneider (feine Klinge) zu Spaghetti verarbeiten.

Zucchini waschen, die Enden abschneiden und mit einem Spiralschneider (feine Klinge) zu Spaghetti verarbeiten.

Karotten- und Zucchinispiralen in kochendem Salzwasser ein paar Minuten bissfest blanchieren und herausnehmen.

Paprikaschote und Radieschen waschen und putzen. Die Zwiebel schälen und in Würfel schneiden. Paprikaschoten, Radieschen,

Emmentaler und Putensalami klein schneiden und mit den Zwiebelwürfeln unter die Gemüse-Spaghetti mischen.

Bärlauch waschen, trocken schleudern und klein schneiden.

Saure Sahne und Olivenöl verrühren. Bärlauch und Käse unterrühren. Mit Salz und Pfeffer würzen.

Gemüsenudelsalat mit dem Dressing vermengen und auf Tellern anrichten.

Veggie-Burger mit Halloumi

Pro Portion ca.: 15,8 g Kohlenhydrate, 720 kcal

Zutaten für 4 Portionen:
150 g weißes Mandelmehl
2 TL Backpulver
1 EL Flohsamenschalenpulver
1/2 TL Salz
1 TL Brotgewürz
25 g Butter, weich
2 Eier
1 Eigelb
150 ml heißes Wasser
300 g Weißkohl
150 g Champignons
4 Karotten
1 rote Zwiebel
1 Knoblauchzehe
4 EL Olivenöl
80 ml Gemüsebrühe
4 Scheiben Halloumi
8 TL Basilikumpesto
4 Salatblätter z. B. Lollo rosso

Zubereitung:
Den Backofen auf 190 °C Umluft vorheizen.

Mandelmehl, Backpulver, Flohsamenschalenpulver, Salz und Brotgewürz vermischen.

Butter, Eier und Eigelb mit den Quirlen eines Handrührers cremig verrühren. Wasser dazugeben und unterrühren. Mit der Mehlmischung verkneten.

Vier Burgerbrötchen formen und für ca. 25 Minuten im vorgeheizten Backofen backen.

Vom Weißkohl die äußeren Blätter entfernen, dann den Kohl mit einem Spiralschneider (feine Klinge) in feine Streifen schneiden. Champignons putzen und in Scheiben schneiden.

Die Karotten waschen, schälen, mit einem Spiralschneider (feine Klinge) zu feinen Streifen verarbeiten.

Zwiebel und Knoblauch schälen, fein würfeln und in 2 EL heißem Öl andünsten.

Weißkohl und Champignons dazugeben und ca. 4 Minuten rührend anbraten. Karotten zufügen und ein paar Minuten mitbraten. Mit Gemüsebrühe ablöschen und köcheln lassen, bis das Gemüse weich, aber noch bissfest ist.

Halloumi im restlichen heißen Öl von beiden Seiten kross braten.

Brötchen halbieren und die Schnittflächen mit je 1 TL Pesto bestreichen. Gemüsemischung darauf verteilen, dann den Halloumikäse darauf geben. Gewaschene Salatblätter darauf verteilen und mit dem Brötchendeckel abschließen.

Dreifarben-Spaghetti mit Gorgonzolasoße

Pro Portion ca.: 17,4 g Kohlenhydrate, 318 kcal

Zutaten für 4 Portionen:
300 g Rote Bete
300 g Karotten
300 g Zucchini
300 ml Milch
150 g Gorgonzola
40 g Walnüsse, gehackt
Salz, Pfeffer aus der Mühle
1 Bund Schnittlauch

Zubereitung:
Die Rote Bete und die Karotten waschen, schälen und mit einem Spiralschneider (feine Klinge) zu Spaghetti verarbeiten.

Zucchini waschen, die Enden abschneiden und mit einem Spiralschneider (feine Klinge) zu Spaghetti verarbeiten.

Gemüsespiralen in Salzwasser ca. 4-5 Minuten bissfest garen. (Zucchinispiralen zum Schluss zufügen, da sie nur ca. 2 Minuten Garzeit benötigen)

Abschütten und gut abtropfen lassen.

Milch in einer Pfanne erhitzen, den Gorgonzola in Stücken zufügen, bei schwacher Hitze aufkochen, Käse schmelzen lassen und die Nüsse unterrühren.

Mit Salz und Pfeffer abschmecken.

Schnittlauch waschen, trocken schütteln, in Röllchen schneiden.

Dreifarben-Spaghetti mit Gorgonzolasoße auf Tellern anrichten und mit Schnittlauch bestreut servieren.

Kürbisquiche mit Schinken

Pro Stück ca.: 6,3 Kohlenhydrate, 246 kcal

Zutaten für 1 Quicheform (26 cm Ø, ergibt ca. 12 Stück)
für den Teig:
300 g Ricotta
2 Eier
40 g Gouda, gerieben
100 g Kürbiskernmehl
1 TL Olivenöl
35 g Butter, weich
1/2 TL Salz
für den Belag:
200 g Sauerrahm
2 Eier
120 g Emmentaler, gerieben
125 g gekochter Schinken
Salz, Pfeffer aus der Mühle
Muskatnuss
350 g Hokkaidokürbis

Zubereitung:
Den Backofen auf 180 °C (Umluft 160 °C, Gas Stufe 3) vorheizen.

Für den Teig alle Zutaten rasch zu einem homogenen Teig kneten und ruhen lassen.

Sauerrahm, Eier und Emmentaler cremig verrühren. Schinken klein würfeln und unterrühren. Mit Salz, Pfeffer und frisch geriebener Muskatnuss abschmecken.

Den Kürbis schälen, entkernen und mit einem Spiralschneider (grobe Klinge) zu breiten Streifen verarbeiten.

Eine Quicheform einfetten und mit dem Teig auslegen, die Eiermasse gleichmäßig darüber verteilen und die Kürbisstreifen von außen nach innen senkrecht in die Eiermasse legen. Einen Kürbisstreifen zu einer Blume drehen und in die Mitte der Eiermasse geben.

Im vorgeheizten Backofen ca. 45 Minuten backen.

Abkühlen lassen, in Stücke schneiden, auf Tellern anrichten und servieren.

Low Carb Snacks Rezepte:

Topinambur-Chips

Pro Portion ca.: 6 g Kohlenhydrate, 169 kcal

Zutaten für 4 Portionen:
600 g Topinambur
40 ml Rapsöl
Cayennepfeffer
grobes Meersalz zum Bestreuen

Zubereitung:
Den Backofen auf 180 °C (Umluft 160 °C, Gas Stufe 3) vorheizen.

Topinambur waschen, schälen und mit einem Spiralschneider zu dünnen Chips verarbeiten. Öl und Cayennepfeffer verrühren, die Chips damit bestreichen.

Auf ein mit Backpapier belegtes Backblech geben und im vorgeheizten Backofen ca. 15 - 20 Minuten unter Wenden backen.

Topinambur-Chips mit Meersalz bestreuen und servieren.

Gefüllte Gurkenspieße

Pro Portion ca.: 6,3 g Kohlenhydrate, 112 kcal

Zutaten für 4 Portionen:
2 Salatgurken
4 Holzspieße
2 Tomaten
1/2 Bund Thymian
350 g Hüttenkäse
1 TL Zitronensaft
Salz, Pfeffer aus der Mühle

Zubereitung:
Die Gurken waschen und mit einem Spiralschneider (grobe Klinge) zu breiten Streifen verarbeiten.

Jede Gurkenspirale halbieren und jeweils fächerartig auf einen Holzspieß stecken.

Tomaten waschen, vierteln, Kerne entfernen und sehr fein würfeln.

Thymian waschen, trocken tupfen und die Blätter abzupfen.

Hüttenkäse mit Tomaten, Zitronensaft und Thymian verrühren. Mit Salz und Pfeffer abschmecken und in die Zwischenräume der Gurkenspiralen füllen.

Wurst-Wickel

Pro Portion ca.: 7,3 g Kohlenhydrate, 356 kcal

Zutaten für 4 Portionen:
30 g Butterschmalz
12 Nürnberger Rostbratwürstchen
500 g Weißkohl
1 TL Kümmel
Salz, Pfeffer aus der Mühle
4 EL Sahne-Meerrettich, ohne Zuckerzusatz

Zubereitung:
15 g Butterschmalz in einer Pfanne erhitzen. Die Rostbratwürstchen darin bei mittlerer Hitze von beiden Seiten anbraten. Herausnehmen.

Vom Weißkohl die äußeren Blätter entfernen, dann den Kohl mit einem Spiralschneider (feine Klinge) in feine Streifen schneiden. Mit Kümmel, Salz und Pfeffer würzen.

Die Rostbratwürstchen mit Sahne-Meerrettich bestreichen und mit den Weißkohlstreifen umwickeln.

Restliches Butterschmalz in einer Pfanne erhitzen, Weißkohlwürstchen dazugeben und bei schwacher Hitze ca. 15 Minuten unter Wenden braten, bis der Kohl gebräunt ist.

Low Carb Salat Rezepte:

Fenchel-Pfirsich-Salat mit Feta

Pro Portion ca.: 11,2 g Kohlenhydrate, 268 kcal

Zutaten für 4 Portionen:
600 g Fenchelknollen
1 Schalotte
2 Pfirsiche
5 EL Olivenöl
2 EL Limettensaft
Salz, Pfeffer aus der Mühle
3 EL Walnusskerne
100 g Feta

Zubereitung:
Den Fenchel waschen, putzen und das Grün beiseitelegen.

Die Fenchelknollen mit einem Spiralschneider (mittlere Klinge) zu Streifen verarbeiten.

Die Schalotte mit einem Spiralschneider (grobe Klinge) zu Streifen verarbeiten.

Pfirsiche waschen, halbieren, entkernen, in Würfel schneiden und mit den Fenchel- und Schalottenstreifen vermischen.

Olivenöl, Limettensaft, Salz und Pfeffer verquirlen und mit dem Salat vermischen.

Walnusskerne grob hacken und in einer Pfanne ohne Fett leicht anrösten und mit dem Salat verrühren.

Feta in Würfel schneiden, über den Salat verteilen und mit dem zerkleinerten Fenchelgrün bestreuen.

Fruchtiger Selleriesalat

Pro Portion ca.: 13,8 g Kohlenhydrate, 330 kcal

Zutaten für 4 Portionen:
2 Äpfel
300 g Knollensellerie
2 EL Limettensaft
25 g frische Minze
200 g Crème fraîche
100 g Joghurt
1 EL Essig
Salz, Cayennepfeffer
50 g Paranüsse, grob gehackt

Zubereitung:
Äpfel und Knollensellerie waschen, schälen und durch den Spiralschneider (feine Klinge) drehen und mit dem Limettensaft vermischen.

Minze waschen, trocken schütteln, die Blättchen abzupfen und fein hacken.

Crème fraîche, Joghurt, Essig, Salz und Cayennepfeffer verrühren und mit dem Salat vermischen. Mit den gehackten Paranüssen und der Minze bestreuen.

Tzatziki-Salat mit knusprigem Speck

Pro Portion ca.: 7,4 g Kohlenhydrate, 265 kcal

Zutaten für 4 Portionen:
1 Salatgurke
2 Knoblauchzehen
80 g Cocktailtomaten
350 g griechischer Joghurt
2 1/2 EL Olivenöl
Salz, Pfeffer aus der Mühle
1 Schalotte
8 Scheiben Frühstücksspeck

Zubereitung:
Die Gurke waschen, putzen und durch den Spiralschneider (mittlere Klinge) drehen.

Knoblauchzehen schälen und durch eine Knoblauchpresse drücken.

Die Cocktailtomaten waschen, trocken tupfen und vierteln.

Joghurt, Knoblauch und Olivenöl cremig verrühren, mit Salz und Pfeffer abschmecken. Gurken und Tomaten unterrühren.

Die Schalotte mit einem Spiralschneider (grobe Klinge) zu breiten Streifen verarbeiten.

Den Speck in einer Pfanne, bei mittlerer Hitze, auf beiden Seiten ein paar Minuten knusprig braten, auf Küchenpapier abtropfen lassen und in kleine Stücke brechen.

Salat mit Speck und Schalotten bestreut servieren.

Disclaimer
Die Inhalte dieses Buches wurden mit größter Sorgfalt erstellt. Eine Haftung für Personen-, Sach- und Vermögensschäden ist ausgeschlossen. Für die Richtigkeit, Vollständigkeit und Aktualität der Inhalte können wir jedoch keine Gewähr übernehmen. Dieses Buch enthält Links zu externen Webseiten Dritter, auf deren Inhalte wir keinen Einfluss haben. Deshalb können wir für diese fremden Inhalte auch keine Gewähr übernehmen. Für die Inhalte der verlinkten Seiten ist stets der jeweilige Anbieter oder Betreiber der Seiten verantwortlich. Die verlinkten Seiten wurden zum Zeitpunkt der Verlinkung auf mögliche Rechtsverstöße überprüft. Rechtswidrige Inhalte waren zum Zeitpunkt der Verlinkung nicht erkennbar. Eine permanente inhaltliche Kontrolle der verlinkten Seiten ist jedoch ohne konkrete Anhaltspunkte einer Rechtsverletzung nicht zumutbar. Bei Bekanntwerden von Rechtsverletzungen werden wir derartige Links umgehend entfernen.